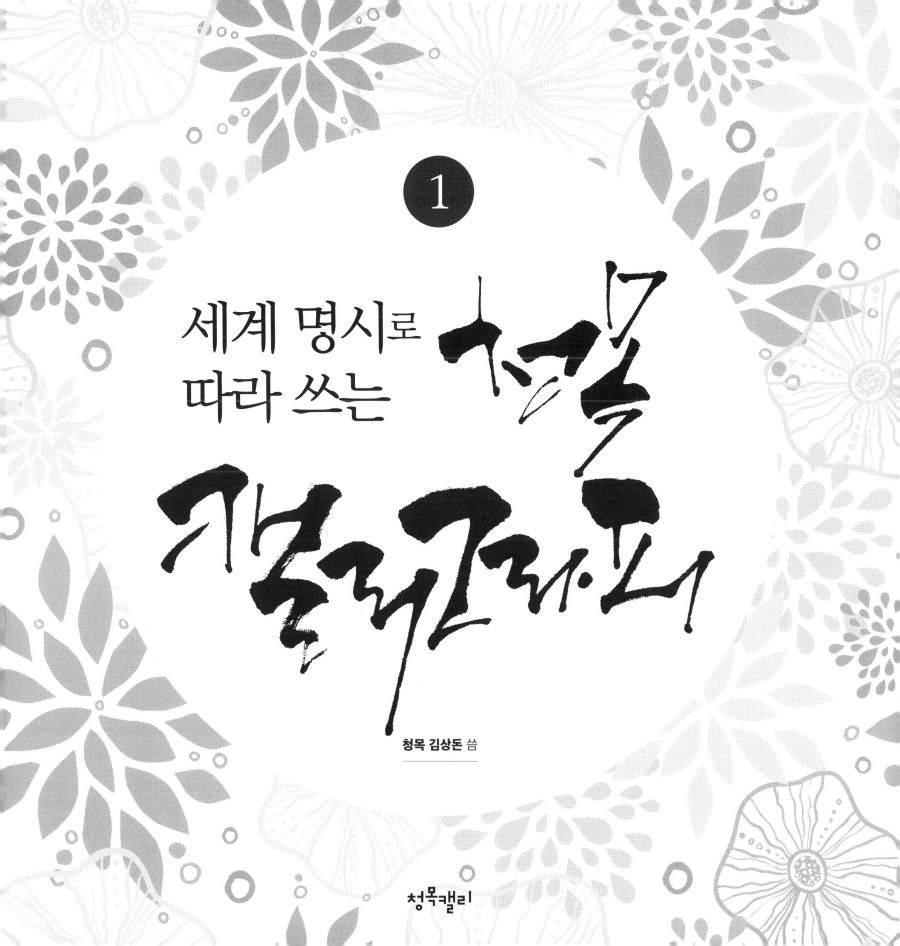

①

세계 명시로
따라 쓰는 철학

캘리그라피

청목 김상돈 씀

청목캘리

머리말

세상에는 서로 다른 사람들이 서로 다른 생각을 가지고 '조화'라는 단어를 통해 아름다움을 만들어가고 있다.
글자도 마찬가지다. 캘리그라피라 하면 대부분의 사람은 단지 아름다운 글씨, 예쁜 글씨라고 이야기한다.
캘리그라피는 글자 한 자, 한 자의 아름다움이 아닌, 서로 다른 모습의 글자들이 모여 나름의 질서를 만들어내고 변화를 느끼게 하는 작업이다.

좋은 드라마 혹은 재밌는 드라마는 주인공을 비롯하여 각 각의 맡은 배역에서 최선을 다할 때 만들어진다. 주연과 조연, 주막집주모, 나그네, 그냥 지나가는 사람1,2,3 등등
이러한 서로 다른 배역들이 조화를 만들어갈 때 비로소 좋은 작품이 나오듯이 캘리그라피는 단순히 글자로서의 미적 표현에 머무는 것이 아닌 글 전체의 조화를 생각해야 한다는 것이다.
이번에 출간하는 『성경 말씀으로 따라 쓰는 캘리그라피』는 이러한 미적 기준을 통해 표현하려고 노력했다.

캘리그라피에는 다음과 같은 규칙이 있다.
첫째, 자연스러운 선의 움직임
둘째, 글자, 단어의 느낌 표현
셋째, 선의 강약과 거칠고 미끈하고 섬세하고 투박하고 강하고 약하고 등 글자의 변화
넷째, 글자 개별이 아닌 전체 덩어리 감을 표현

본 책을 따라 쓰다 보면 위의 4가지 규칙을 쉽게 이해하게 될 것이다.

캘리그라피의 세계는 무한하다. 앞으로도 다양한 방식으로 계속 발전되리라 본다.
캘리그라피를 쉽게 배우는 방법은 모방에서 출발한다. 많이 쓰다 보면 자기만의 색을 가진 개성 있는 캘리그라피를 쓸 수 있다.
그리고 가장 중요한 것은 좋아해야 한다.
그렇게 하나하나 따라 쓰고 좋아하다 보면 실력 있는 캘리그라퍼가 되리라 확신한다.
이 책을 통해 캘리그라피를 사랑하는 독자들이 더 멋진 캘리그라퍼가 되기를 진심으로 바란다.

청목캘리그라피 연구실에서

멋진 캘리그라피를 쓰는 10가지 Tip

1. 종이(화선지나 창호지 종류)를 원하는 규격에 맞게 펼친다. (반드시 담요를 준비하여 그 위에 종이를 깔고 종이를 눌러주는 문진을 사용한다.)

2. 쓰고자 하는 문장이나 글자를 보고 글의 성격에 맞게 서체를 구상해본다. 가령, 겨울 글씨를 쓴다면 겨울 이미지에 맞게 춥고 거친 느낌 등을 표현 하도록 연습해본다.

3. 글자의 크기를 결정한다. 크게 써야 할 글자와 작게 써야 할 글자 등을 구분한다.

4. 글씨 연습은 대체로 크게 써서 연습한다. (연습 글씨는 너무 작으면 가독성이 떨어지므로 대략 가로세로 10센티 크기로 연습하는 것이 좋다.)

5. 캘리그라피는 글자 한 자, 한 자의 예쁜 모양보다는 전체적으로 조화를 만들어 내야 하므로 완성된 글의 전체 모양을 생각하고 글씨를 써야 한다.

6. 캘리그라피는 많은 연습을 통해서 얻어지므로 다양한 시도를 통해 글씨를 써보고 가장 맘에 드는 글의 모양을 선택하여 작품을 만들어가는 것이 중요하다.

7. 본 책에서 강조하는 캘리그라피의 방향은 전체적인 조형미를 만들어가며 글을 쓰는 것이므로 선의 느낌을 다양하게 표현하여 전체적으로 조화를 만들어내야 한다. 선의 느낌은 굵고 거친 느낌, 세밀하고 가는 느낌, 둥글둥글 부드러운 느낌, 단순하고 절제된 느낌, 화려하고 날리는 느낌, 어눌한 느낌 등이 있다.

8. 7번 Tip의 표현 하려면 선 연습을 많이 해야 한다. 붓은 개인적으로 차이가 있지만 보통 연필 굵기 정도가 사용하기에 무리가 없다. 붓의 길이는 약 2센티에서 3센티 사이이며, 너무 길면 의도하는 대로 쓰기가 어렵다. 선 연습은 처음엔 신문지에 쓰는 것이 좋다. 하나의 붓으로 가장 가는 선에서 가장 굵은 선을 쓰는 것이다. 보통 7~8단계의 선의 굵기가 조절된다면 조형적 아름다움을 가진 캘리그라피를 쓸 수 있다. (반드시 연습을 다 한 후엔 붓을 깨끗이 빨아서 말린 후 보관해야 수명이 오래간다.)

9. 글씨를 쓸 때 문장으로 보면 글자와 글자 사이가 너무 벌어지면 덩어리 감이 깨질 수 있다. 글자를 쓸 때 빈 공간을 최소화하여 전체적인 덩어리 감을 만들어야 조형적으로 아름다운 글자가 된다.

10. 캘리그라피는 정답이 없다. 내가 쓴 글씨가 많은 사람에게 좋은 평가를 받는다면 잘 쓰는 캘리그라퍼라고 보면 된다. 이 말은 각 개인의 개성을 잘 살려서 나만의 글씨를 만들어내야 한다는 것이다. 모방을 통해 나만의 캘리그라피 작품 만들기 위해선 앞서 언급된 Tip을 통해 연습하고 또 연습하는 것이 가장 빠른 지름길이다.

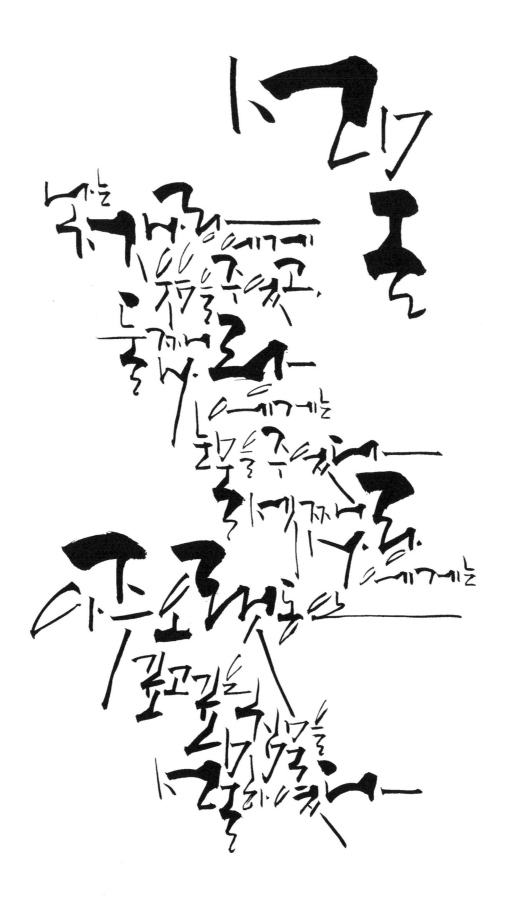

● 선물

| 사라 티즈데일 |

● 이슬에 장미 지듯이
| D. 튼 |

이슬에
장미지듯이

그래도
이슬에
장미지듯이

기절한 꽃이
시고가는
상혀가을

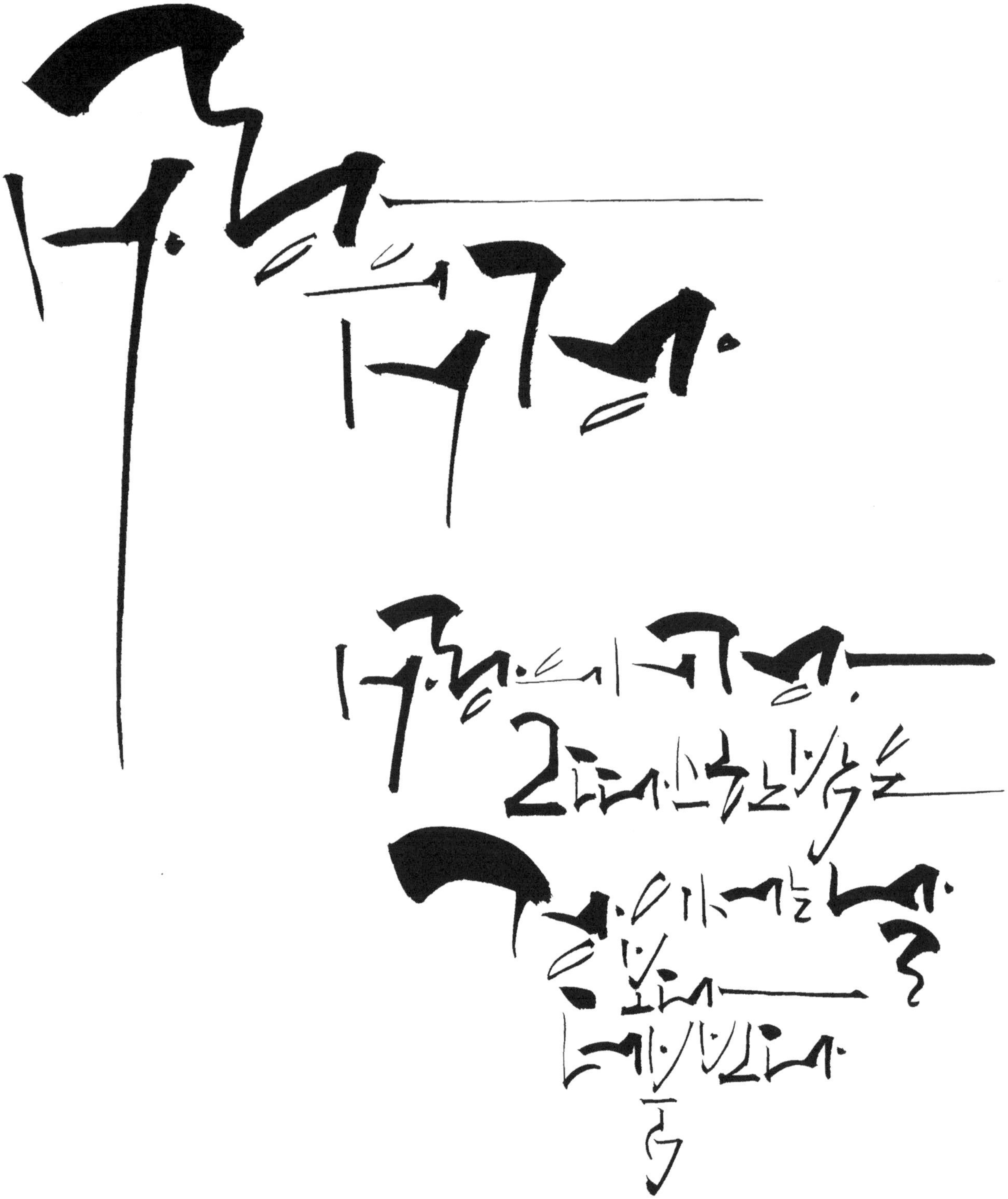

● 사랑의 시장

| 따 흐 우엔 |

내 人生은 ...한

그날 그를 ...에게
...는
...를
...지마라——

...

...

...

...

● 내 인생은 장전된 총

| 디킨슨 |

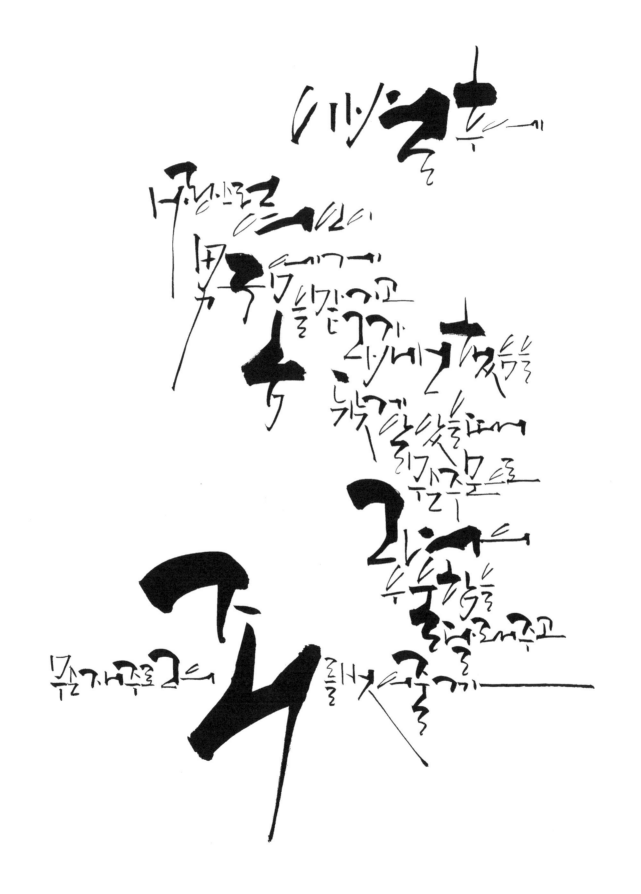

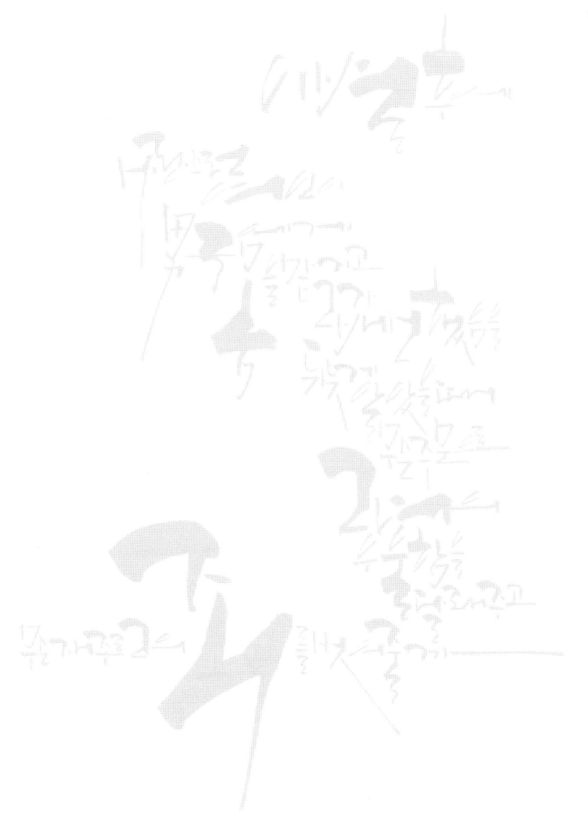

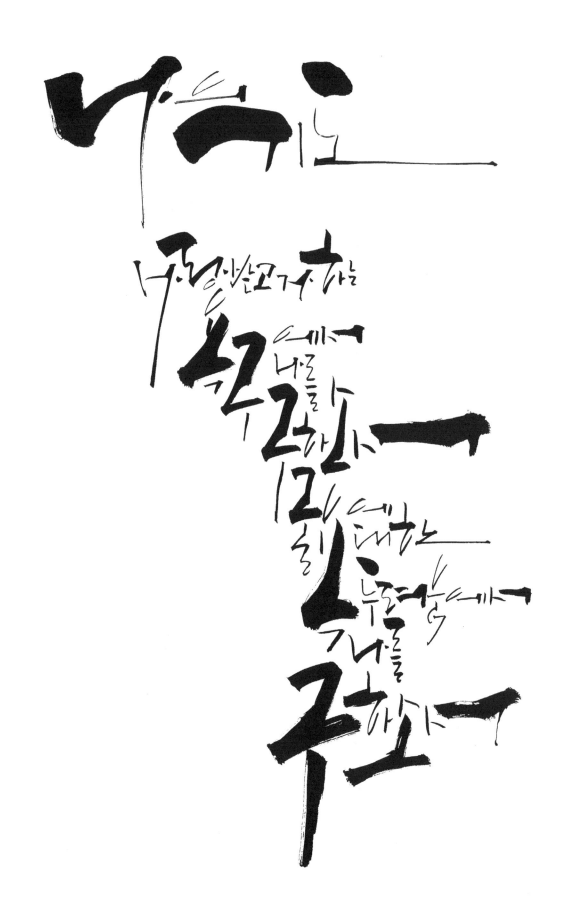

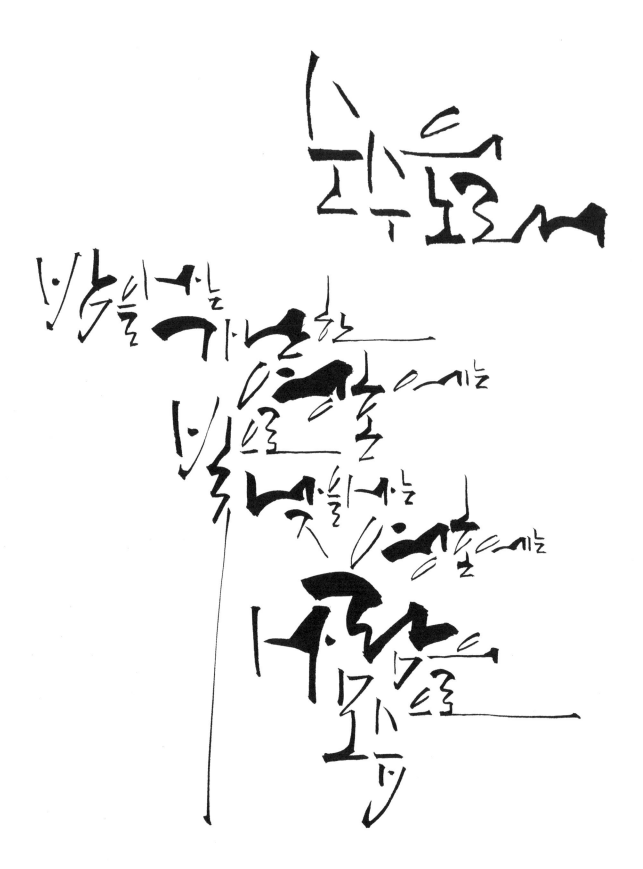

기다려—

나는 흐르는
눈물은
구슬이니—
기다려에게—는

고운 거름옳듯
빛을
눈물이
꽃두였한것이
아니다

● 먼 나라

| 다무라 류이지 |

우주만물
신문하이다

세상에
깊새는 이글
시엉이글 았지요

마치한마디
잘못하기 세로링
기나 없에
내해는
말하지 않았지요
깊새는

나람 그거하에
이글나래지요

● 차라리 침묵하세요

| 밀란 쿤데라 |

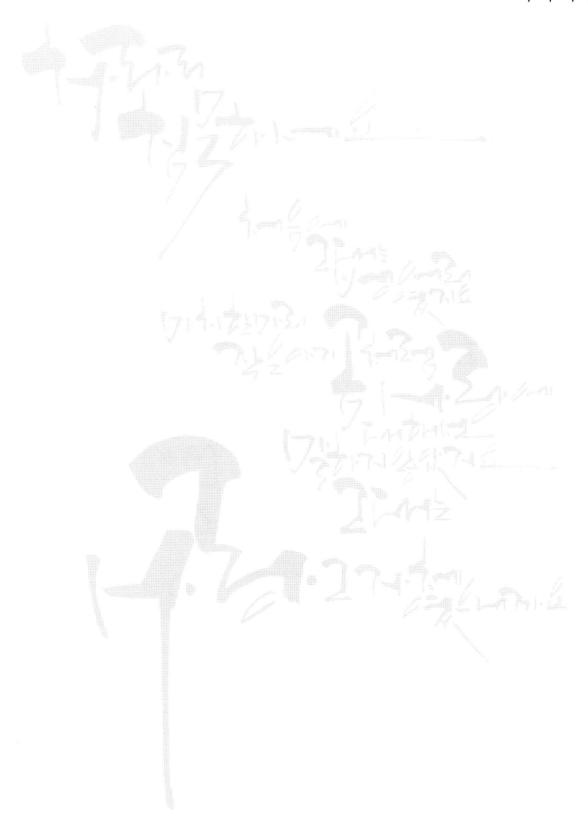

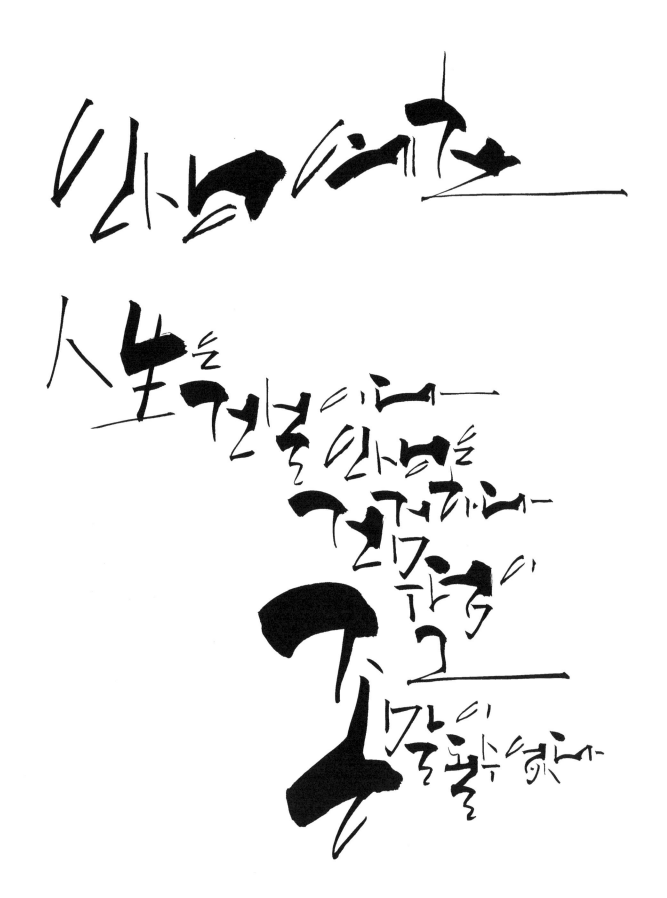

삶은 선택

人生을 건것은 아름다운
것 같다

자기의 길을 찾는

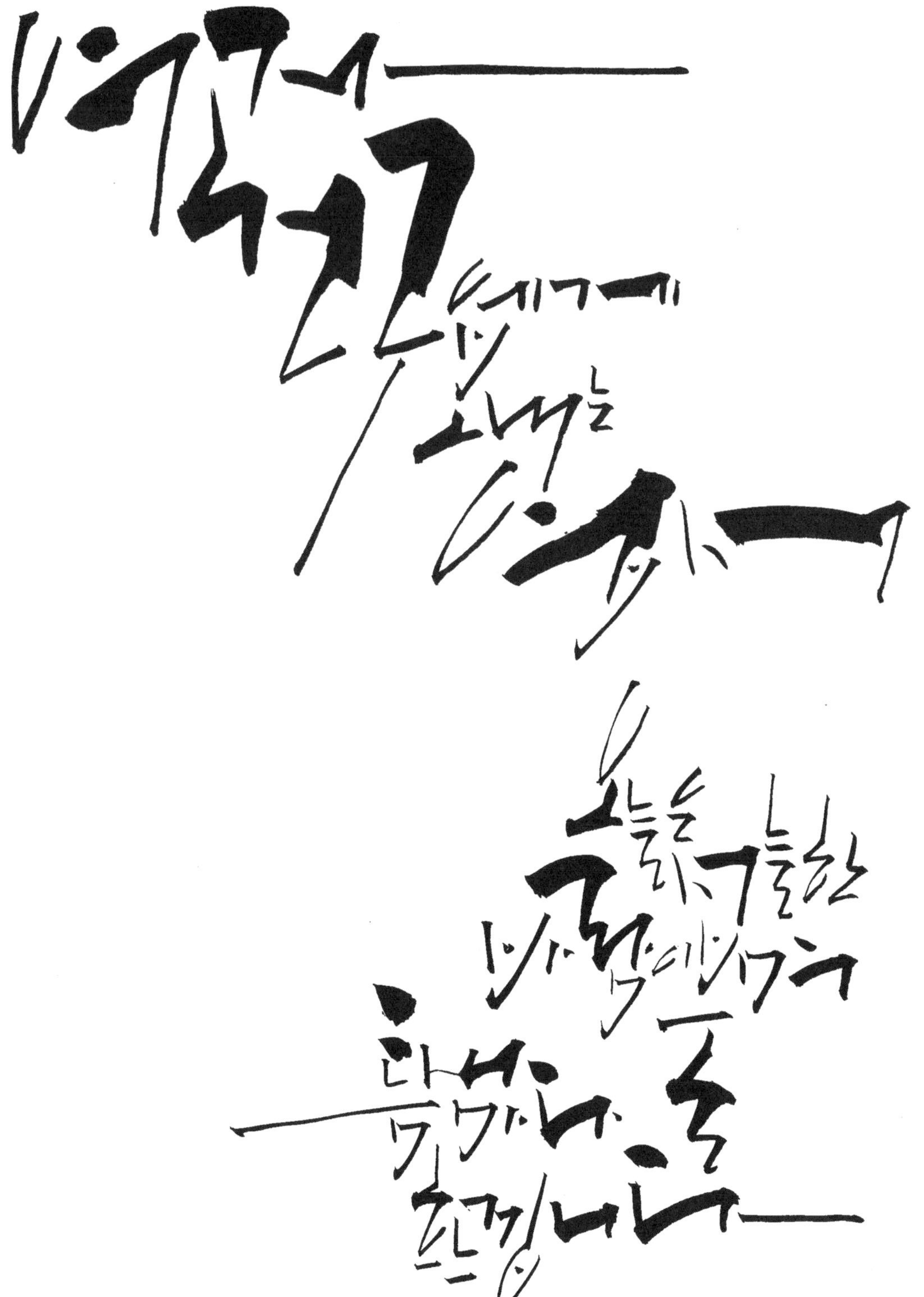

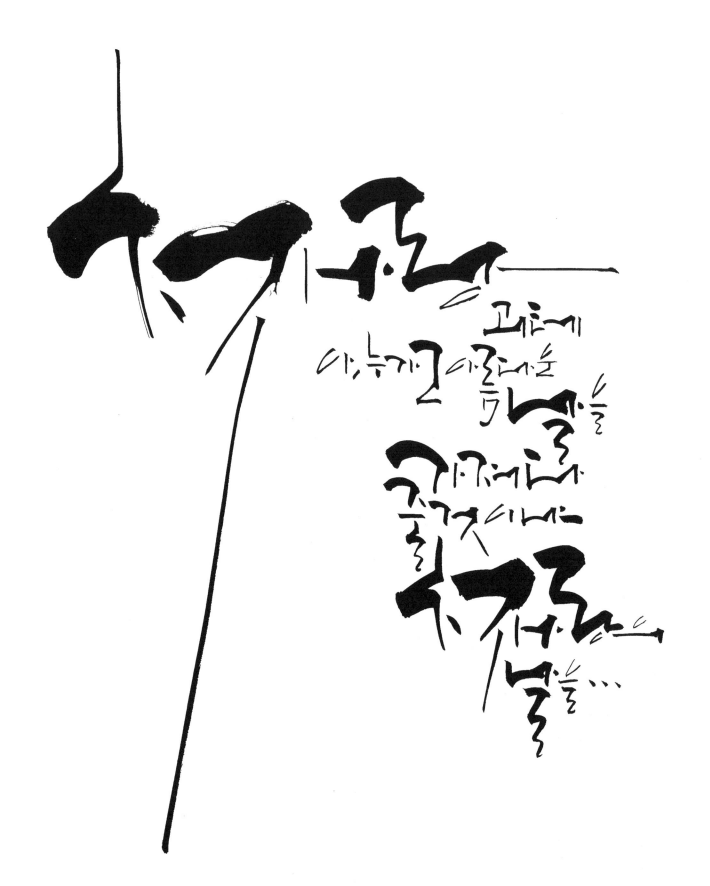

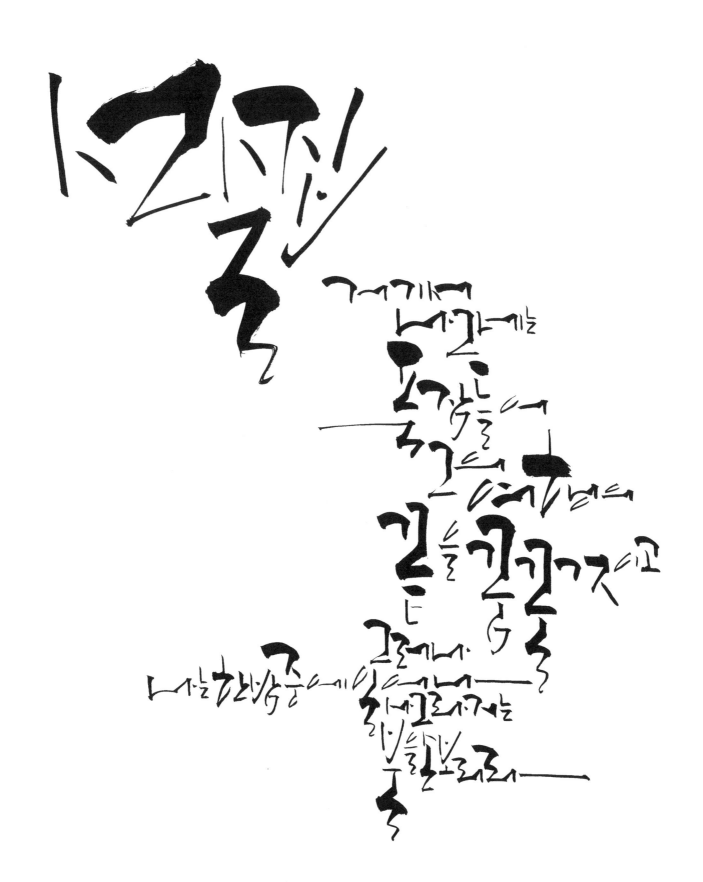

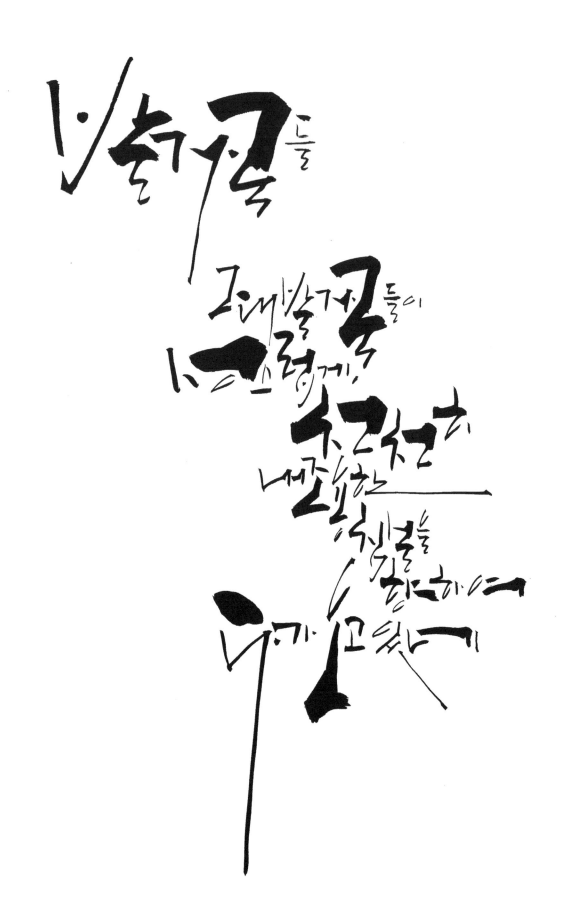

발자국들

| 폴 발레리 |

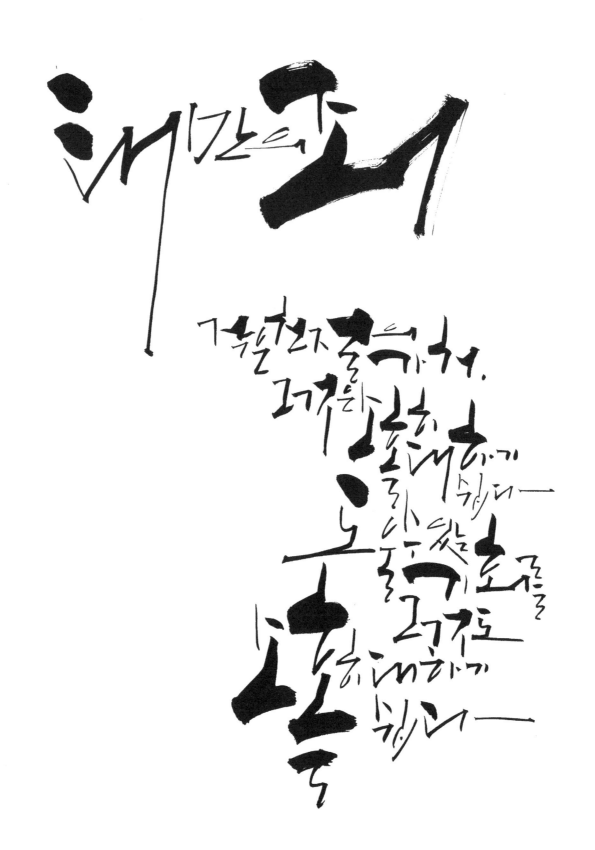

● 태만의 죄

| 마가렛 생스터 |

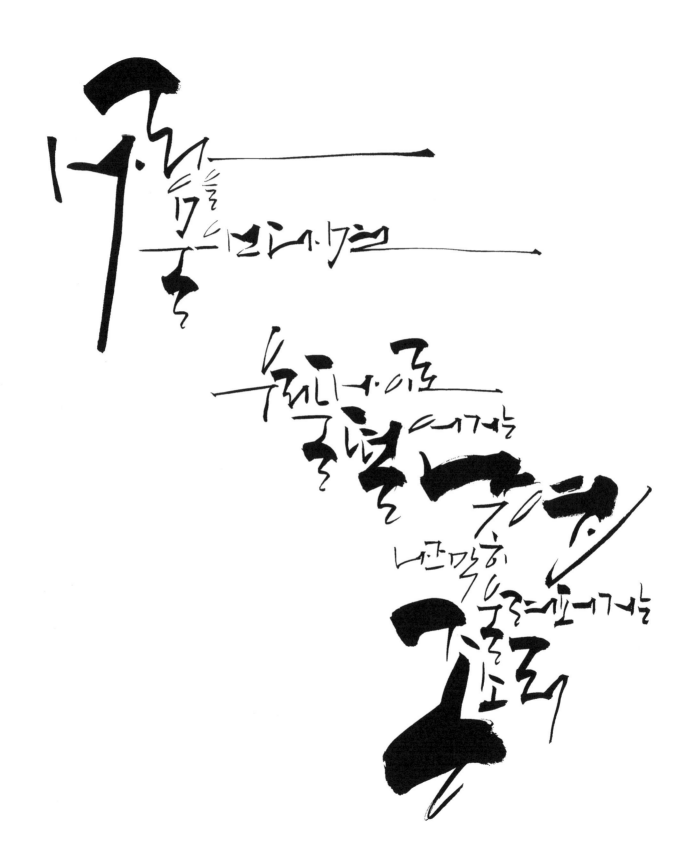

| 콘라드 P. 에이킨 |

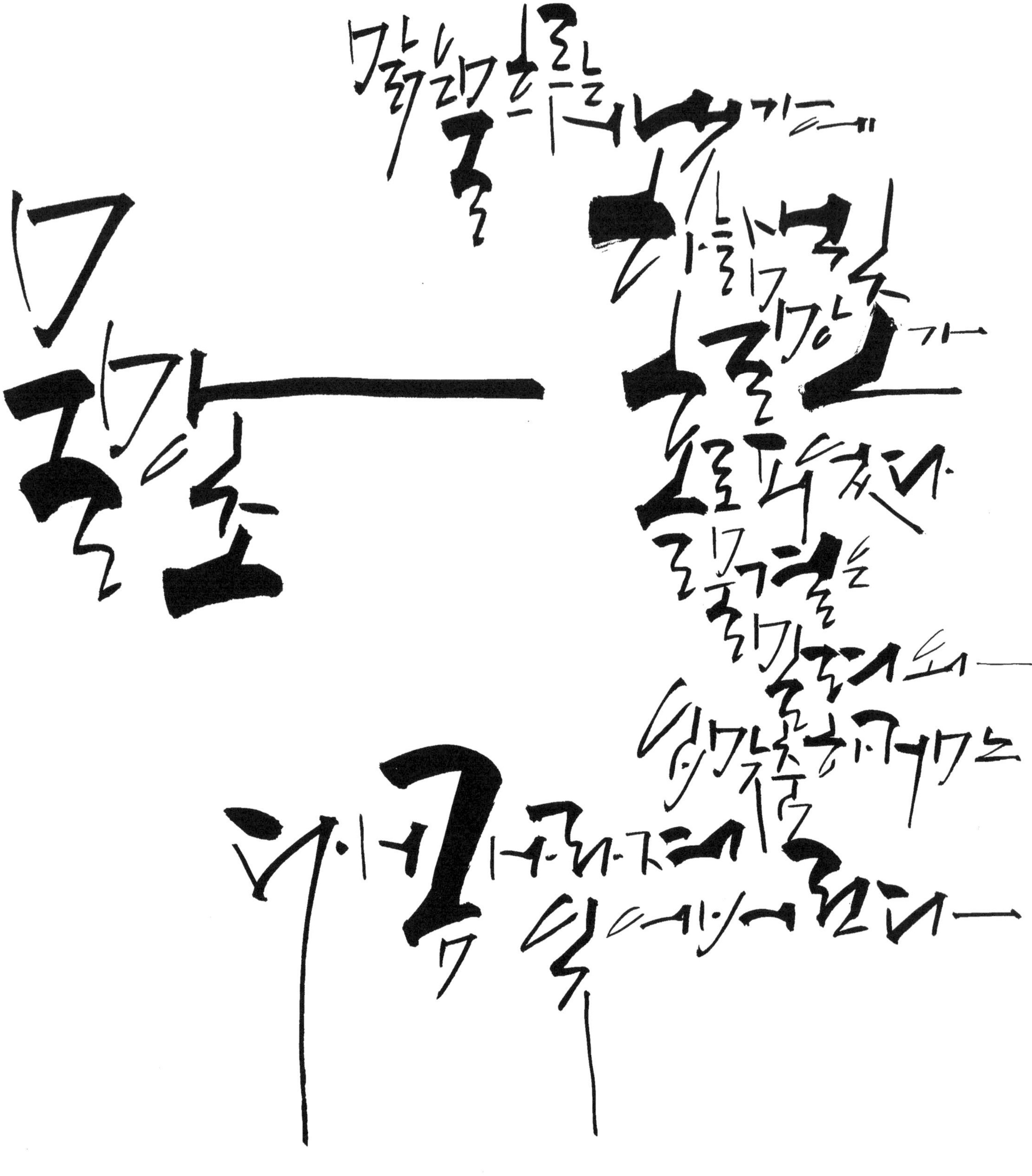

● 물망초

| 알렌트 |

그냥이라서

눈가에 구름이
하늘에
...
하늘에 한가득 별이 드네

꿈이
꿈이가 서를
반이나
꿈을 어서
버렸네

● 고양이와 새

| 자크 프레베르 |

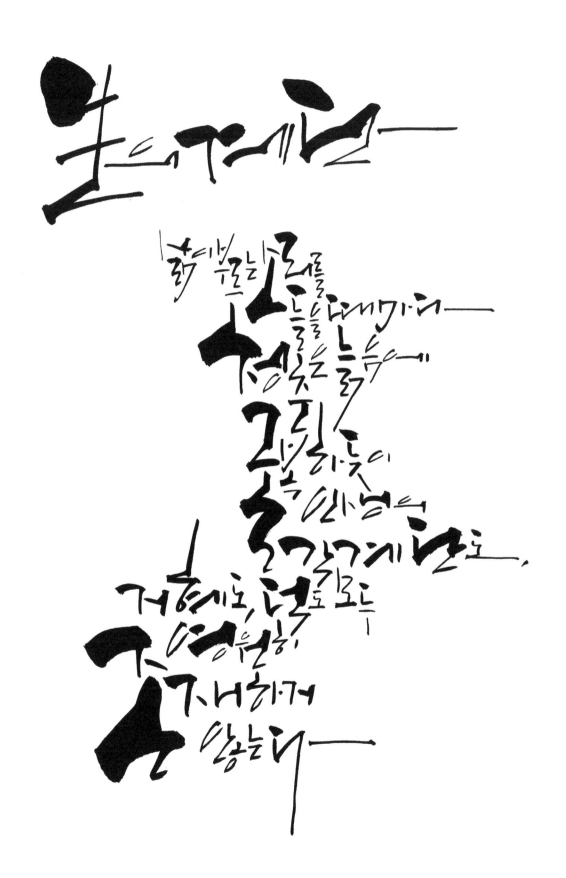

● 생의 계단

| 헤르만 헤세 |

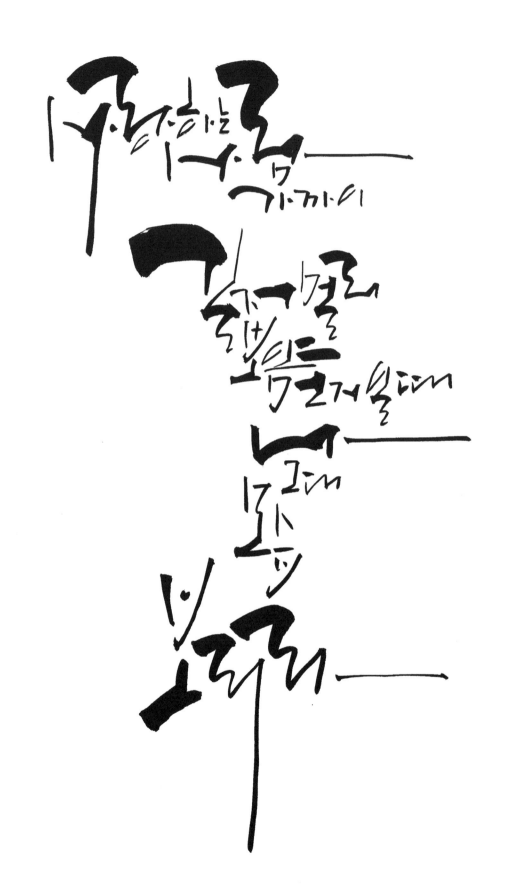

● 사랑하는 사람 가까이

| 괴테 |

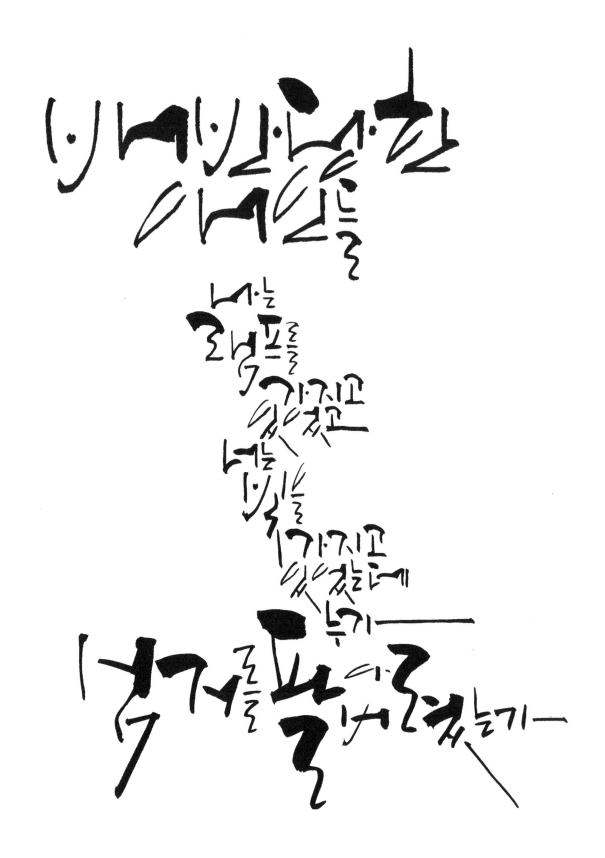

● 배반당한 애인들

| 자크 프레베르 |

누가 두려워

그럴수록
두려워하는
그대를
피하지
말아야지

홀로 두가 되나요?

아,
당신이
저 멀리
두려워서

● 두 가지 두려움

| 캄 포아르 |

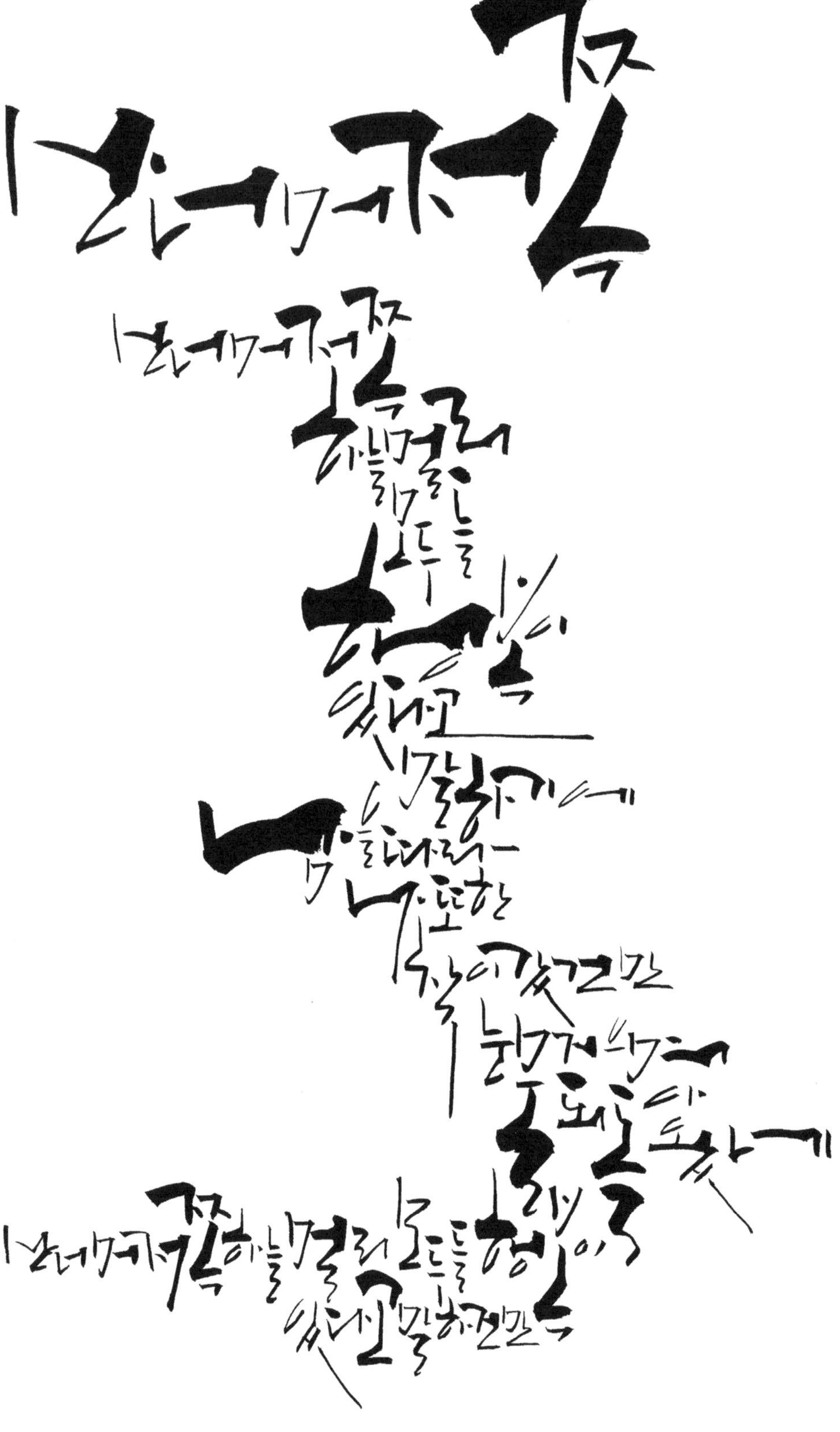

내보내거라 꽃

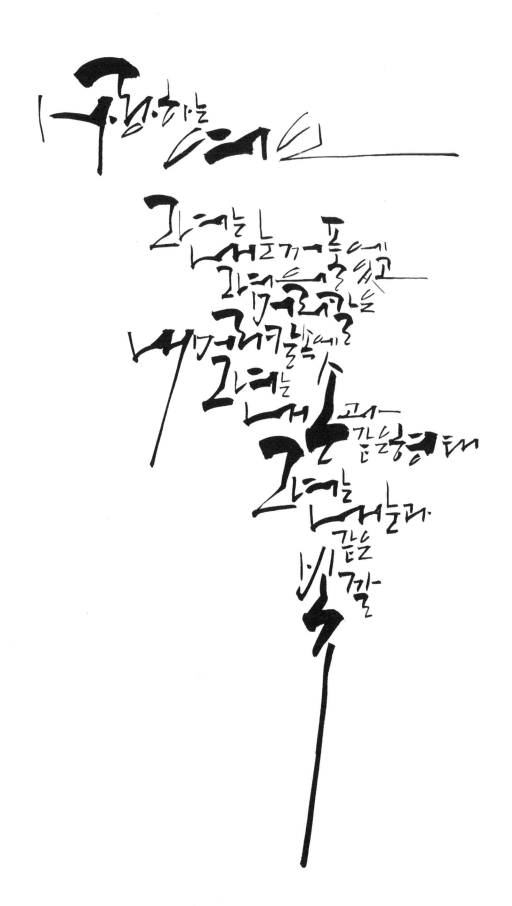

기다림을 그리움으로
바꾸며 살아가는
사랑하는 나의 그대에게

● 지금의 나를 사랑해 주세요

| 가나모리 우라코 |

기다, 너는 꿈—

느껴졌어

기억의 그냥

그냥 론 한다—

느끼다!

● 미아, 내 사랑

| 루벤 다리오 |

그림은 그래서 꼭 닮은 즈

부엌을 들여다들고

내일은 날로 빛나게는 것

● 금빛은 오래 머물 수 없는 것

| 프로스트 |

● 당신이 바라는 것

| 삽포 |

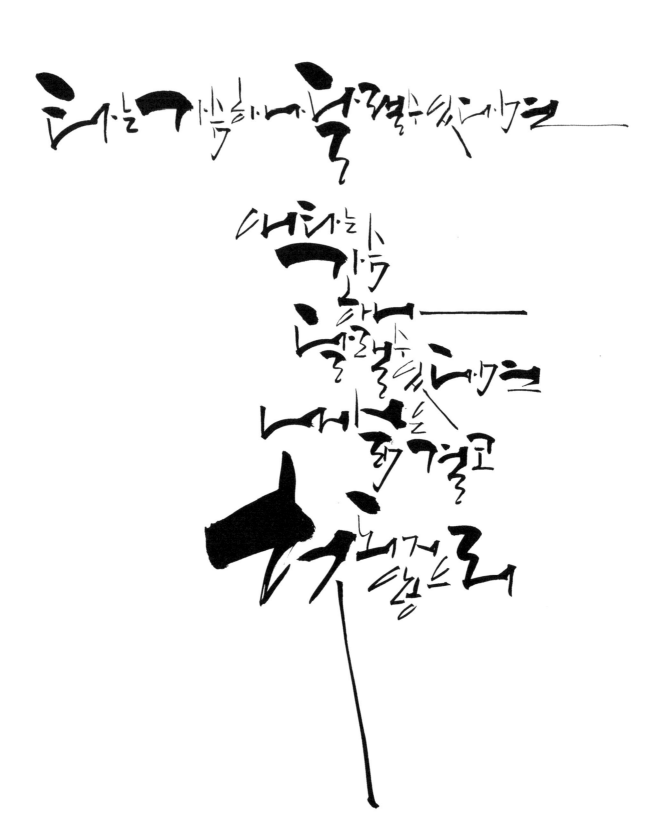

● 타는 가슴 하나 달랠 수 있다면

| 디킨슨 |

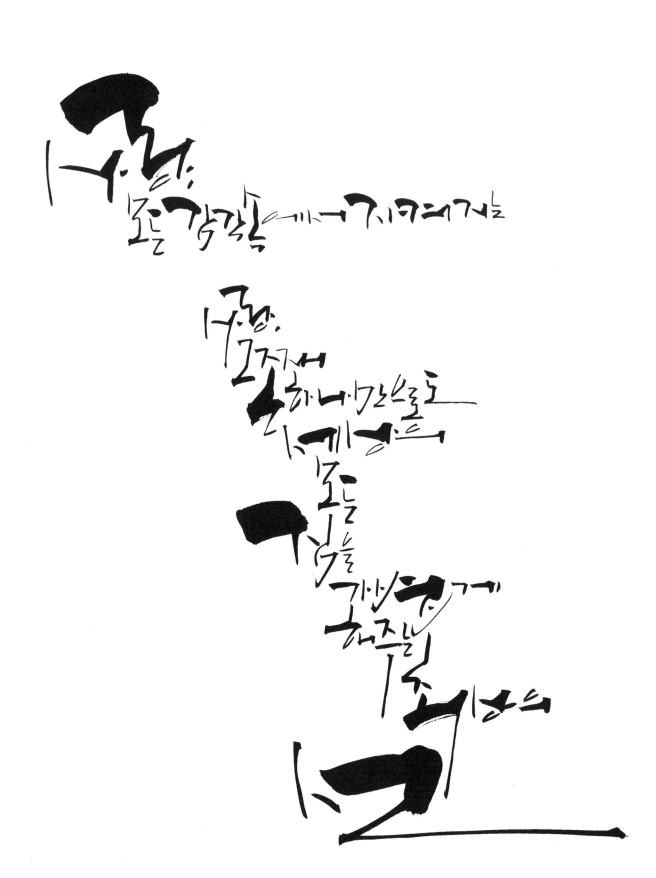

● 사랑, 모든 감각 속에서 지켜지는

| 토머스 아켐피스 |

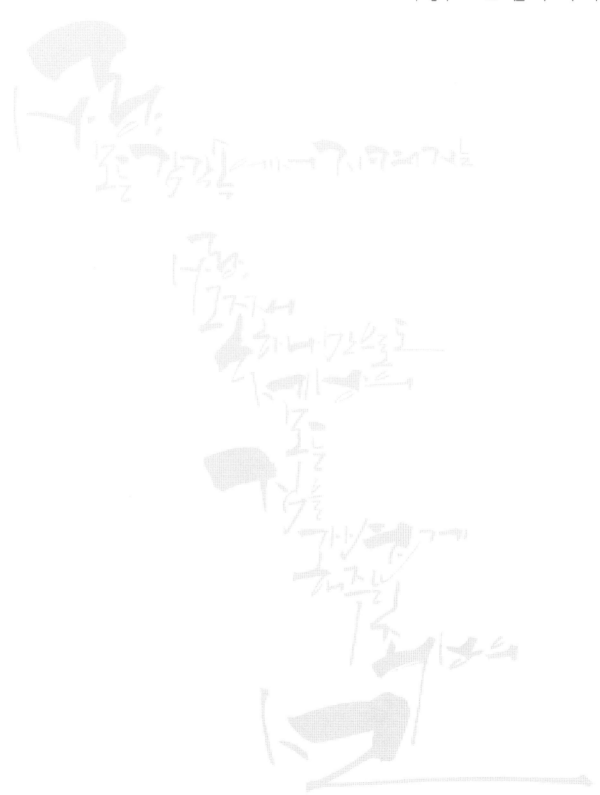

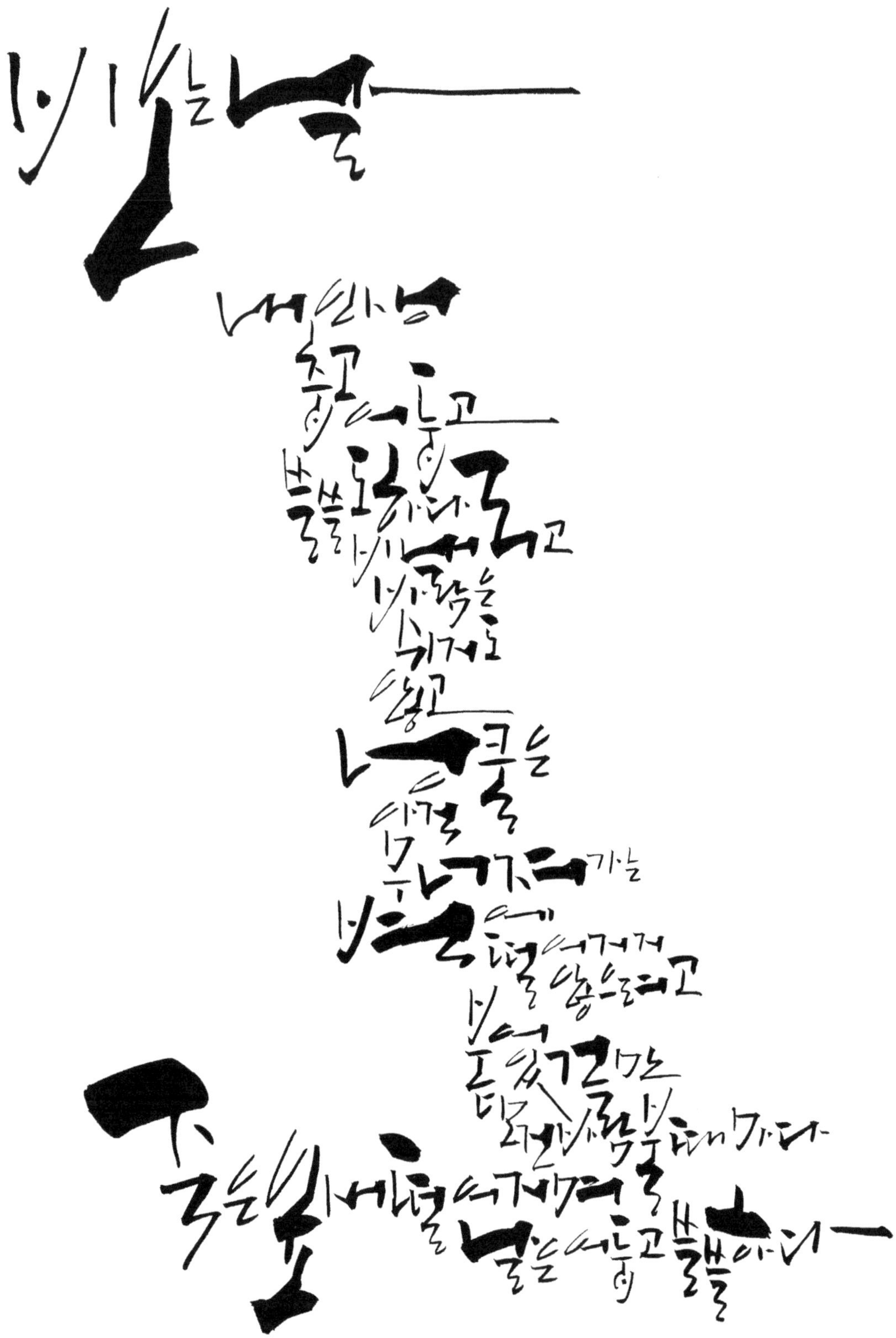

● 비 오는 날

| 롱펠로우 |

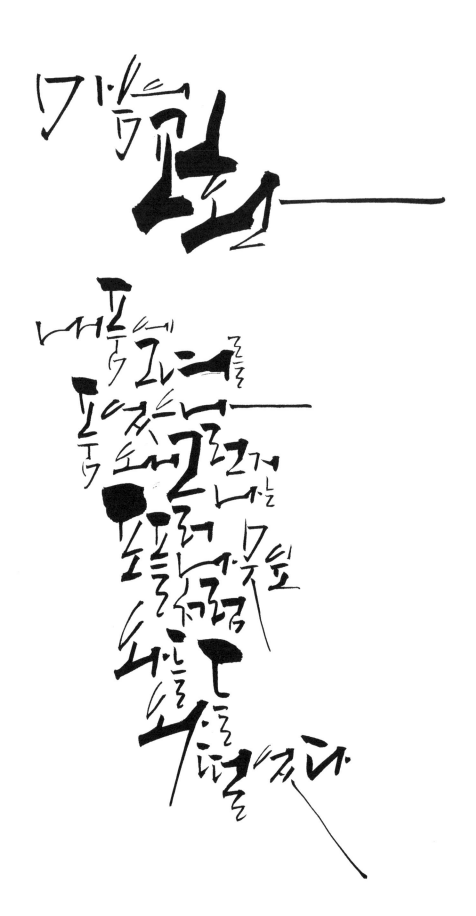

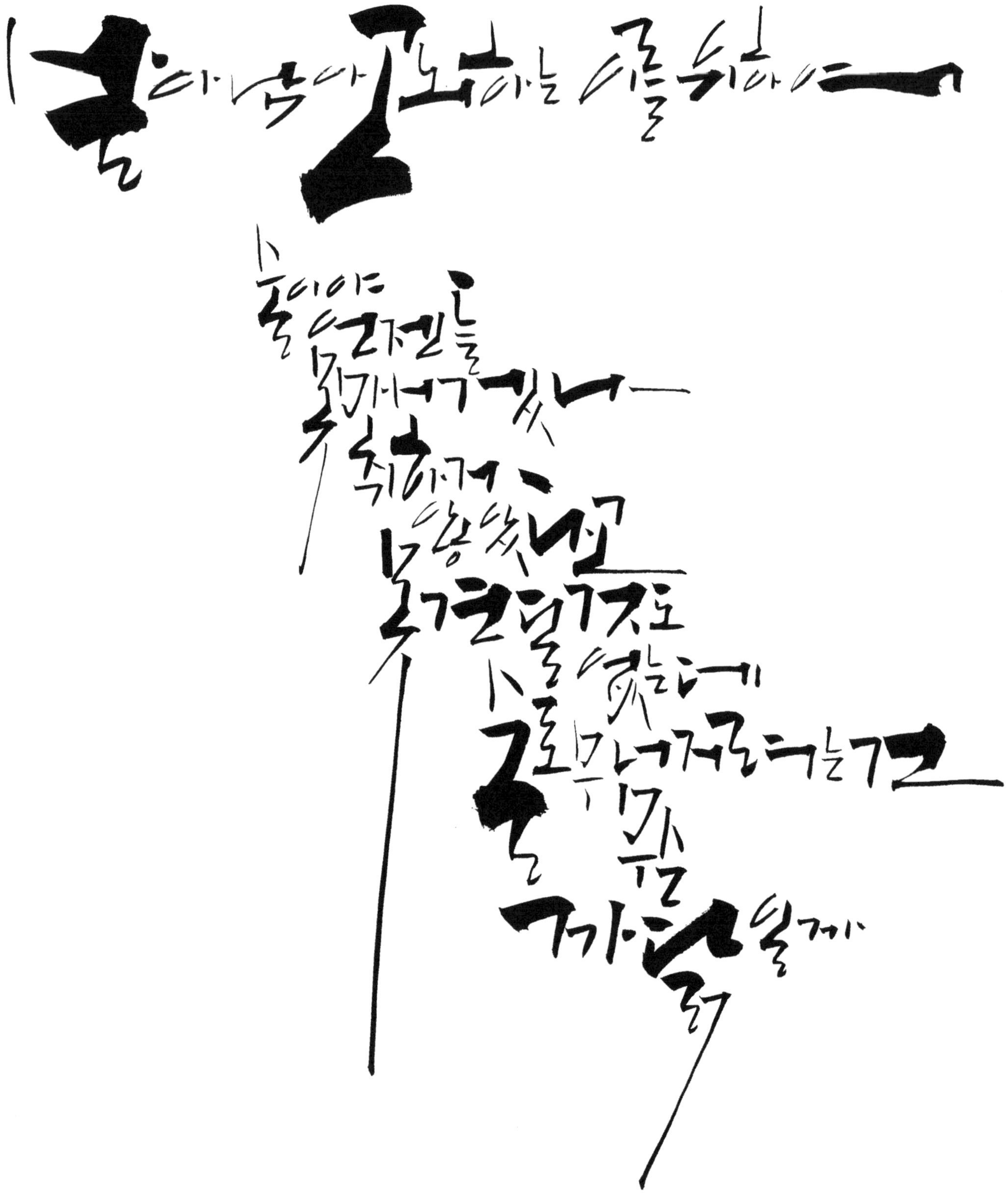

● 살아남아 고뇌하는 이를 위하여 1

| 칼릴 지브란 |

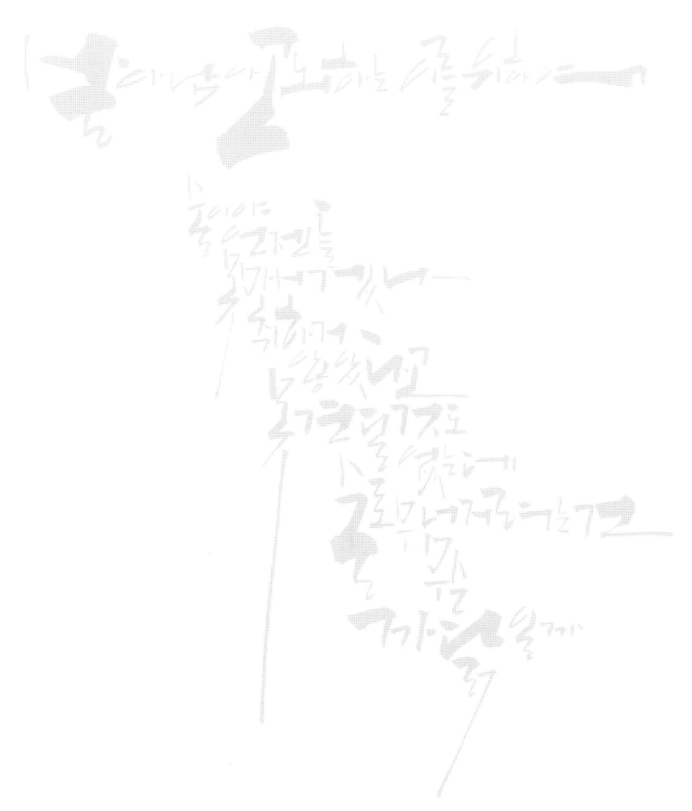

살아남아 고파하는 물하아어고

고내
무엇을
감고

열어 하늘가
무엇에 무에
그걸 하하늘가——
고가

가느이나
리가——

● 살아남아 고뇌하는 이를 위하여 2

| 칼릴 지브란 |

고향의 봄

꽃잎을
나에게
흘려보내는 것은
나무들이
크기가
자라는 것이
아니라

우리는 사랑을
들어놓고
꿈꾸는 기억에도
내 몸을 축가운데
것도 있다

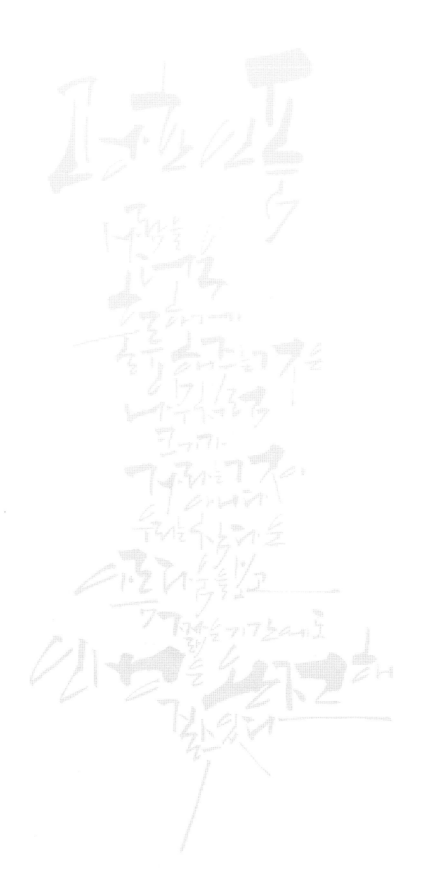

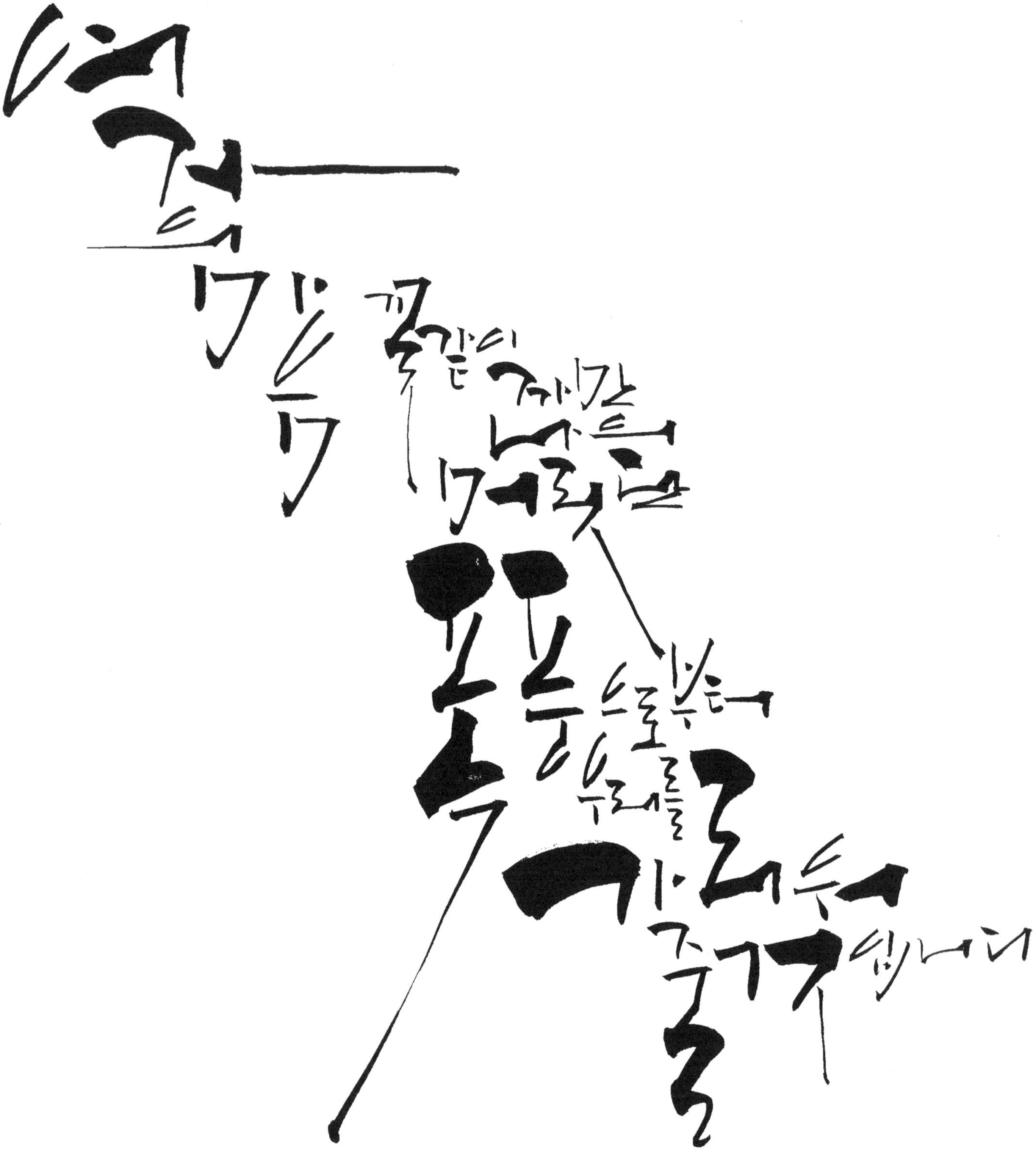
꽃같이
우리들
습니다

● 여자의 마음

| 예이츠 |

● 꿈을 잊지 마세요

| 울바시 쿠마리 싱 |

내형해기갈아요

그대를
설각을때에그르
우람하는
가득이

낯기에요
아가
그대는
너니고
꽃딸기너드네요

● 의심하지 말아요

| N. 다니엘 |

그대들이게

송다지

이윽교수의

나게에서돼

다인의

부엌이나거당

가난경에

나

가껴있다

● 거두어들이지 않은 것

| 프로스트 |

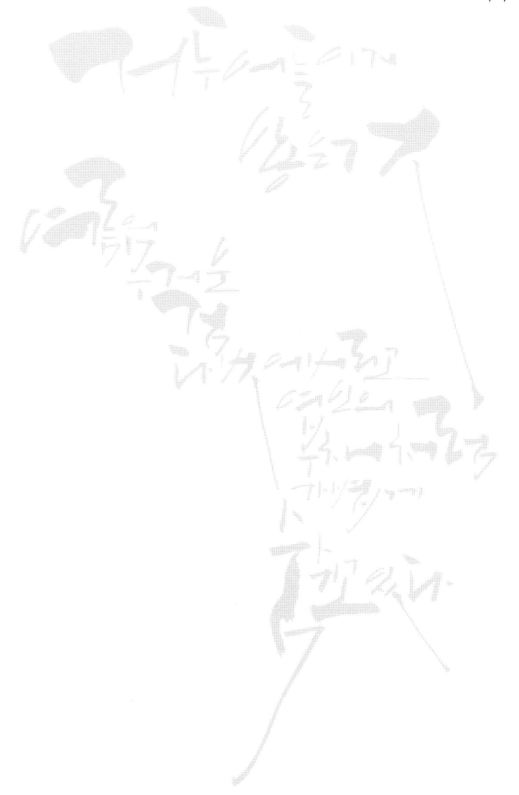

내게 있는 것을 갈바리 하게

병이들
너희하고
나의 행위를
땅끝께서
나에게 선하시는 대로
나에게 갚아 주소서

● 내게 있는 것을 잘 사용하게 하소서

| 윌리엄 버클레이 |

나를
또다른
내 이름이
좋아졌다

그때는
이름이
좋아

훨씬 내려고
이름가은
아내께

● 오늘

|칼라일|

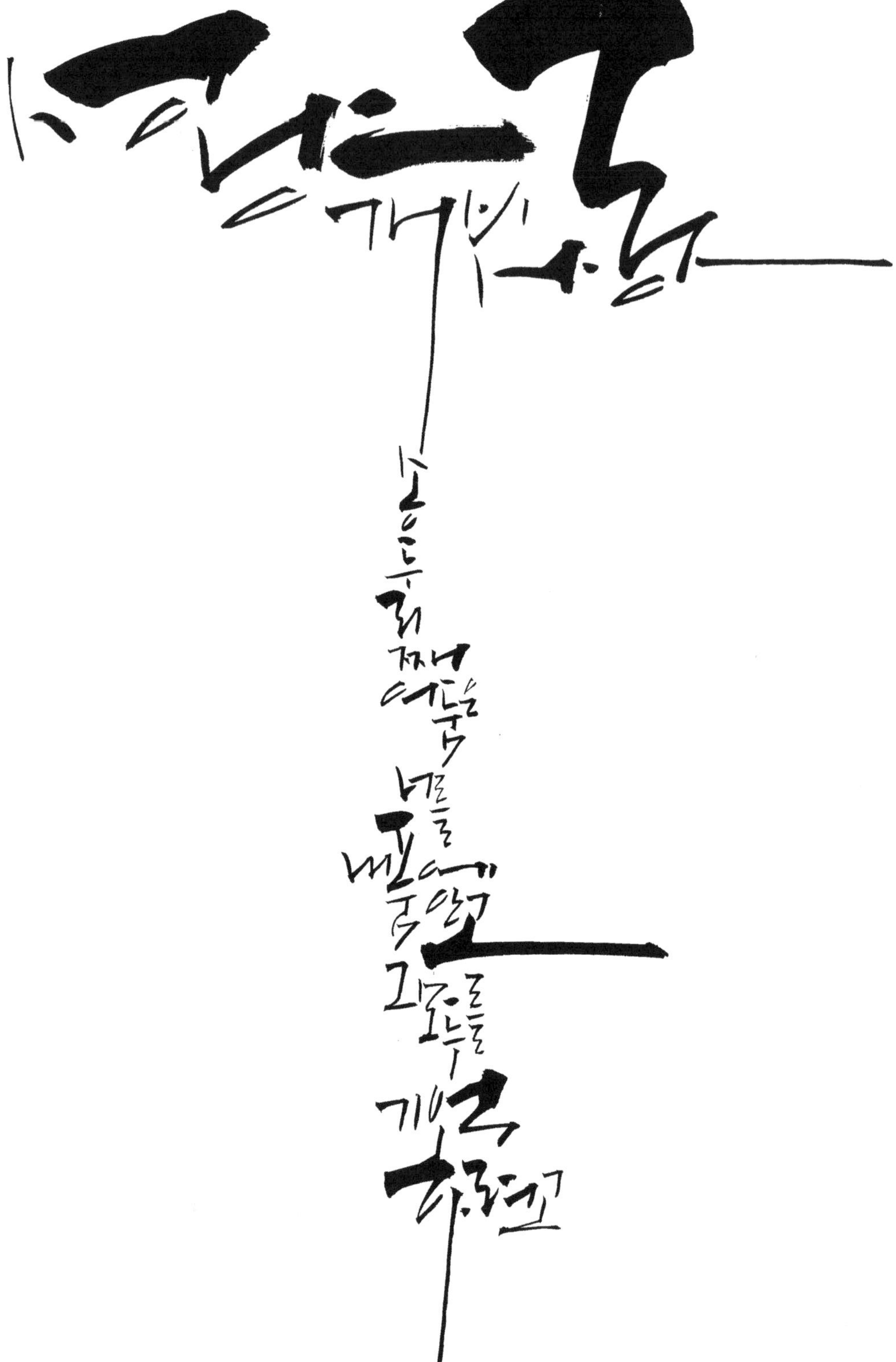

● 성냥개비 사랑

| 자크 프레베르 |

그리움은

안김

격렬하고
세상도
...

● 그리움은 나의 숙명

| 에릭 칼펠트 |

궁극의

경지

그대 없이 안될 것 같은
기억의 지옥으로
내달음질 치던
날들이
두고두고 그렇게
편안하지 않게
고하하려는
갈마다
사리

버들피리불려야 나 하나가 끝나

● 장미 잎사귀

|삽포|

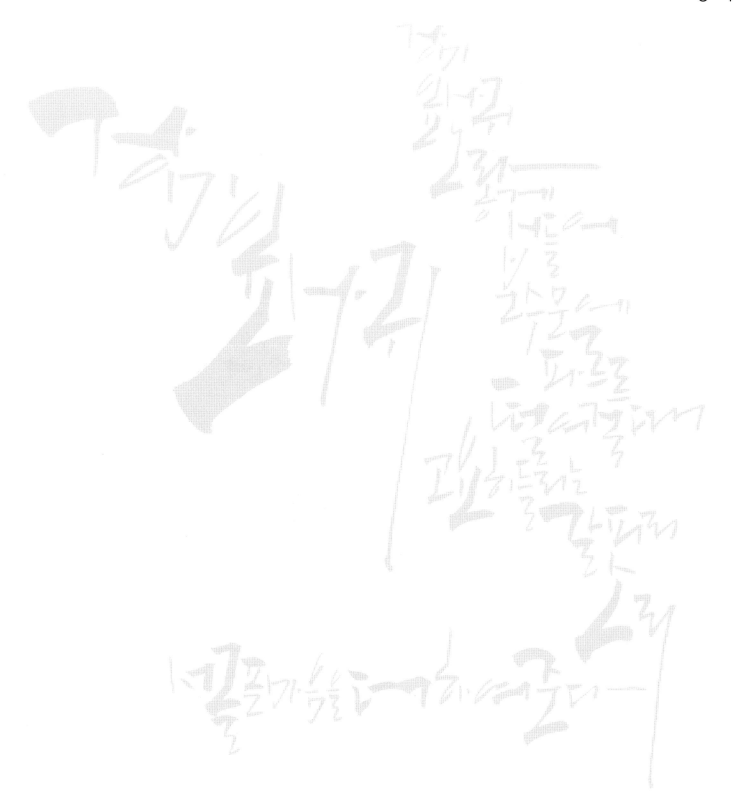

그대가 왔기에

그대가
왔기에 나를 가꾸
었고
그대가
그리고
하늘을
의
쳐다봤기에
나를 찾았고
그대가 그리고
나에게 네가 없기에
나를 아껴했고
그대가
그대곁에 있기에
나를 사랑했고

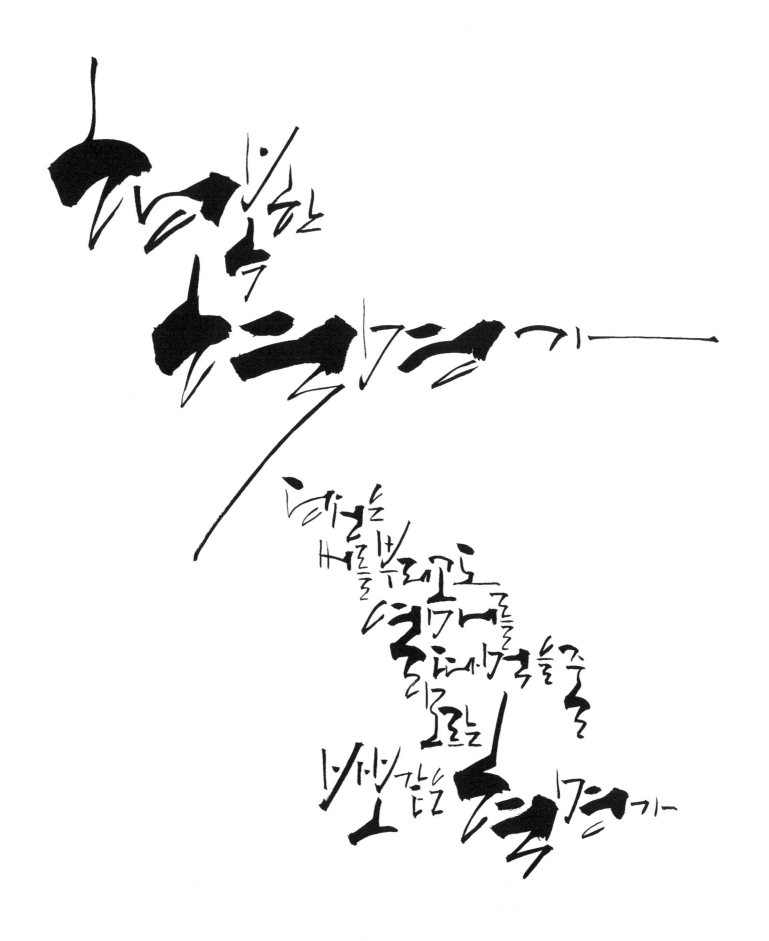

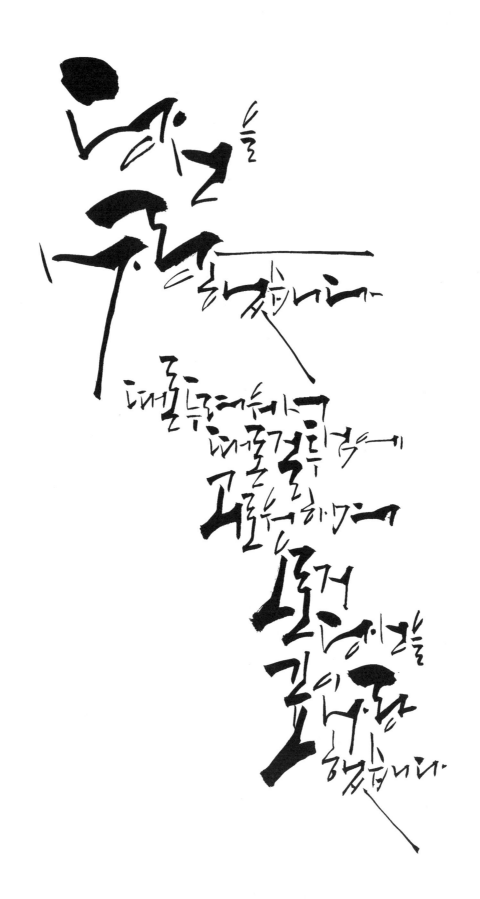

● 당신을 사랑했습니다

| 푸쉬킨 |

세계 명시로 따라 쓰는 청목캘리그라피 ❶

●
초판 1쇄 인쇄 2024년 04월 25일

●
글쓴이 　 김상돈

펴낸이 　 김왕기
편집부 　 원선화, 김한솔
디자인 　 푸른영토 디자인실

●
펴낸곳 　 **청목캘리그라피**
　　　　　주소 　 경기도 고양시 일산동구 장항동 865 코오롱레이크폴리스1차 A동 908호
　　　　　전화 　 (대표)031-925-2327, 070-7477-0386~9 · 팩스 | 031-925-2328
　　　　　등록번호 　 제2005-24호(2005년 4월 15일)
　　　　　홈페이지 　 www.blueterritory.com
　　　　　전자우편 　 book@blueterritory.com

●
ISBN 979-11-98564-3-1　13650
ⓒ김상돈, 2024